# ओस अमर है

## वेद प्रकाश यजुर्वेदी

notionpress.com

INDIA • SINGAPORE • MALAYSIA

ISBN 979-8-89498-896-2

पूज्य
स्मृतिशेष
पिताश्री
के
श्री चरणों
में
समर्पित

# दिग्दर्शिका

## उत्तरार्द्ध

# आत्म-कथ्य

गीत की रचना-प्रक्रिया बड़ी विशिष्ट एवं जटिल है। सौन्दर्य के उपासक जब अपनी कल्पना-मूर्ति में प्राण भरते हैं, स्पर्शों में निहित कम्पन को पवित्र नाम देने का प्रयास करते हैं, हृदय की वीणा से मुखरित होने वाले शब्द जब युवावस्था में पदार्पण करते हैं; उन स्मरणीय क्षणों में, तब, जीवन के रस से अभिसिंचित गीत एवं कविता जन्म लेते हैं।

गीत और कविता की अपनी-अपनी सीमाएँ तथा मर्यादाएँ होती हैं। गीत जहाँ स्वर की परिधि में आबद्ध रहकर, संगीत के साथ लय-बद्ध होकर स्वयं को अभिषिक्त करते हैं, वहीं कविता पद्यात्मकता के आवरण में छन्द और मात्रा के कड़े अनुशासन में रहते हुये पूर्णता प्राप्त करने को बाध्य होती है।

इन्द्रधनुष की सप्तवर्णी रंग – माला ब्रह्मांड-विश्व-संसार में विद्यमान सभी प्रकार के रंगों को परिभाषित करती है – ऐसा हमारा विश्वास है। किन्तु, वास्तव में क्या हम सर्वत्र व्याप्त सभी प्रकार के रंगों को इन्द्रधनुष की सीमा-रेखा में बाँध

सकते हैं? क्या असंख्य रंगों को केवल 'सात रंगों' में समेटना सम्भव है?

कवि कविता की रचना करते समय जब गहन चिंतन-मनन में लीन होकर अपनी चेतना को केन्द्रित करता है, तो प्रायः अपने आस-पास के परिवेश में उसे शब्द तैरते हुए, विचरण करते हुए दिखाई देते हैं। इन्हीं शब्दों को ग्रहण करके यथासम्भव अपनी क्षमता के अनुसार वह अपनी कविता में उन्हें गढ़ने का प्रयास करता है। परन्तु, क्या यह सम्भव है कि वह सभी तैरते-मचलते हुए शब्दों को पकड़कर छन्द तथा मात्रा के बन्धन में बाँध ले? साथ ही, उनकी चंचल प्रकृति को ध्यान में रखते हुए, क्या उनकी मौलिकता के साथ यह न्याय-संगत होगा?

और, यहीं से जन्म होता है, कविता के दूसरे – नए स्वरूपों का, जो जाने जाते हैं – गद्यगीत, आधुनिक कविता, अतुकान्त कविता के नाम से। कविता के ये रूप शब्दों की मौलिकता को अक्षुण्ण रखते हुए छन्द एवं मात्राओं की संख्या के बंधनों से पूर्णतः मुक्त होते हैं।

मैं मूलतः छन्द-बद्ध कविता एवं गीत लिखता रहा हूँ। मेरे प्रथम दो रचना-संग्रह –'तुम कर दो संकेत' (कविता-संग्रह) तथा ' सुगंध माटी की' (छन्द-संग्रह), मेरे इसी प्रयास का प्रतिफल हैं। उपरोक्त सिद्धान्त तथा औचित्य के वशीभूत होकर मैंने यदा-कदा कुछ गद्य-गीतों तथा अन्य अतुकान्त कविताओं की भी रचना की है। इन रचनाओं का काल-खण्ड बड़ा विस्तृत है: वर्ष 1975 (जब मैं एक विद्यार्थी था)

से वर्ष 2024 तक, जब मैं अपनी 38 वर्ष से अधिक की निष्ठा-पूर्ण सेवा के पश्चात् लगभग 7 वर्ष पूर्व सेवा-निवृत्त भी हो चुका हूँ। यत्र-तत्र बिखरी एवं लुप्तप्राय इन रचनाओं को सँजोकर मैंने इस संग्रह में संकलित करके प्रस्तुत किया है, आपके समक्ष।

लगभग 50 वर्षों के इस लम्बे अन्तराल में मैंने कई जीवन जिये हैं: पुत्र, भाई, पति, पिता, मित्र, सखा, सम्बन्धी, छात्र, प्रशिक्षु, कनिष्ठ अधिकारी, वरिष्ठ अधिकारी एवं संगठन के सर्वोच्च पद पर आसीन वरिष्ठतम अधिकारी। इन सभी जीवन-पात्रों के चरित्रों का निर्वाह, इस अवधि में मैंने अपनी पूरी क्षमता तथा दक्षता के साथ किया है। इस प्रक्रिया में मुझे विभिन्न प्रकार के अनुभवों का कोष प्राप्त हुआ है; जिनमें कुछ खट्टे हैं, कुछ मीठे तो कुछ कड़वे भी हैं। इन सभी पात्रों के चरित्र-मंचन के मंथन से निकले खट्टे , मीठे और कड़वे अनुभवों का रस इस गागर-रूपी कविता-संग्रह में आपको परोसने का मेरा यह प्रयास, एक दुःसाहस नहीं माना जाएगा, मुझे ऐसी आशा है।

मुझे आशा ही नहीं अपितु पूर्ण विश्वास है कि सुधी पाठक-गण पूर्व की भाँति इस संग्रह को भी उसी प्रेम-स्नेह से अपनाएंगे। इससे मेरा उत्साह-वर्द्धन तो होगा ही, साथ ही मुझे अगला नया संकलन शीघ्र ही लाने की प्रेरणा भी मिलेगी।

इस संकलन को वर्तमान स्वरूप में प्रस्तुत कर पाने की प्रक्रिया में मेरे अनेक मित्रों  एवं घनिष्ठ बंधुओं ने परोक्ष

तथा अपरोक्ष रूप से अपना-अपना अमूल्य सहयोग दिया है। मैं उन सभी का इस योगदान के लिए आभारी हूँ तथा अपने हृदय के अन्तःकरण से उनके प्रति अपनी कृतज्ञता ज्ञापित करता हूँ।

कर-बद्ध क्षमा-याचना सहित,

वेद प्रकाश यजुर्वेदी

# वन्दना

करें आपका वन्दन, वीणा-वादिनी !

करते भाव-समर्पण, वीणा-वादिनी !

शुद्ध रूप में मूर्ति तुम्हारी मन में है .

वीणा की झनकार हमारे तन में है .

कण-कण में है व्याप्त भारती की वाणी -

ज्ञान-बुद्धि-संगीत-समष्टि पवन में है .

कर न सकें कुछ अर्पण, वीणा-वादिनी !

करते भाव-समर्पण, वीणा-वादिनी !

माते वर दो-- व्योम तैरते शब्द मिलें .

कितने भी हों कठिन, सरल से अर्थ चलें .

हर्ष-शोक, वेदना-विनोद प्रकाशित हों -

कालजयी रचना में सुरभित सुमन खिलें .

बने  सुगन्धित नन्दन, वीणा-वादिनी !

करते भाव-समर्पण, वीणा-वादिनी !

स्नेह-दया-करुणा का निर्झर -नीर बहे .

मानव -जन में सदा परस्पर प्रेम रहे .

निष्ठा हो सहचरी नित्य विश्वास-भरी --

जलें आस्था -दीपक, सारा तिमिर गहें .

महक उठे मम आँगन,वीणा-वादिनी !

करते भाव-समर्पण, वीणा-वादिनी !

सत्य-पताका गगन चतुर्दिक लहराए .

सच्चरित्रता -ध्वजा अहर्निश फहराए .

झूठ,दंभ,छल-कपट तिरोहित हो जाएँ --

अनाचार, अन्याय सिंधु-तल गहराएँ .

हृदय बना दो कुन्दन, वीणा-वादिनी !

करते भाव-समर्पण, वीणा-वादिनी !

सम्बन्धों की निर्मलता का बिगुल बजे .

दिव्य विश्व-बन्धुत्व--नया सोपान सजे .

माँ दे दो आशीष --प्रेरणा-स्रोत रहें--

आजीवन सेवा में रत हों, अहम् तजे .

चरण तुम्हारे चन्दन, वीणा-वादिनी !

करते भाव-समर्पण, वीणा-वादिनी !

पूर्वार्द्ध

# ओस अमर है

नभ का अंतःपटल
निर्मल था।
यामिनी का सजीव
सम्बल था।

धरा दिन भर की
थकान से चूर थी।
फिर भी, चेहरे पर सौन्दर्य की
गरिमा भरपूर थी।

नीहारिका की तारावली के मध्य
चन्द्रोदय हुआ।
मानों उपेक्षित पृथ्वी का
भाग्योदय हुआ।

सहसा पवन  का एक
झोंका आया।
एक अनजानी सुगन्ध ने
उन्हें गुदगुदाया।

आकाश और धरती परस्पर
आकर्षित हुये।
प्रणय की गोद में पहुँच दोनों,
रोमांचित हुये।

अवनि-अम्बर के पवित्र अभिसार
की सौगन्ध हूँ मैं।
निशा की स्नेहमयी उपस्थिति में
उनका अनुबन्ध हूँ मैं।

प्रकृति ने चार प्रहर मुझे
निज गर्भ में रखा।
उसके  पश्चात् ही मेरा अस्तित्व
जगती को दिखा  ।

निस्तब्ध निशा की शुभ्र चाँदनी में
मेरा जन्म हुआ।
हरी-भरी पत्तियों के हृदय ने
मेरा मर्म छुआ।


फूलों के अधरों पर अंकित 'मैं'
बूँद परितोष हूँ।
घास के कोमल पालने में ठहरी
मैं अविकल 'ओस' हूँ।


सहसा वातावरण में हुआ
खग – कलरव।
सुदूर प्राची में हुआ
एक उद्भव।


अरुणिम आभा व्योम से
उतर आयी।
दिनकर की छवि क्षितिज पर
उभर आयी।

रवि – रश्मियाँ मुझ तक पहुँचीं
पत्तियों से छनकर।
मेरे अंग-अंग को छूने लगीं
एक-एक चुन कर।


मैं अत्यन्त हर्षित हो
खिलखिलाने लगी।
स्वभावतः निश्छल भाव
झिलमिलाने लगी।


मेरी दीप्ति से आस – पास
सब जगमग हो गये।
कुछ मित्र मुझसे सहयोग
हेतु सजग हो गये।


सभी ने मेरी भूरि – भूरि
प्रशंसा की।
मेरे कार्यकलापों की
अनुशंसा की।

सभी मेरे गुण-गान करने
में मुखर थे।
मेरे प्रभा-मंडल से प्रभावित
हो प्रखर थे।

सहसा सूर्य के मुख-मंडल पर
क्रोध छा गया।
स्नेह के स्थान पर चक्र-व्यूह का
भाव आ गया।

उसकी किरणें मेरी दीप्ति से
परावर्तित हो गयीं।
उसकी दृष्टि मेरे तेज से
आश्चर्य-चकित हो गयी।

सूर्य को लगा मैं उसे
चुनौती दे रही हूँ।
उसके विशाल ज्योति-पुंज से
कुछ द्युति ले रही हूँ।

असुरक्षा के झोंके से उसका मन
उद्वेलित हो गया।
एकल-हीनता के बोध से वह
विचलित हो गया।


उसकी सारी शक्ति मेरे व्यक्तित्व
पर अंकित हो गयी।
उसके अक्षय स्रोत की सारी अग्नि
मेरी काया पर केन्द्रित हो गयी।


धीरे-धीरे लघु ओस-कण का
आकार घटता रहा।
अपने अपार बल से सूर्य उसका
शोषण करता रहा।


मेरा अस्तित्व समाप्त समझ
सूर्य आगे बढ़ गया।
विजय दर्प की सीढ़ी से
आकाश में चढ़ गया।

पर, वह भूल गया था कि
    उसे भी अस्त होना है।
जो जन्म ले चुका है उसे
    अवश्य समाप्त होना है।


यदि ओस पंच-तत्व में
    विलीन हो चुकी है,
क्या अपनी आत्मा भी वह
    सदा के लिए खो चुकी है?


    नहीं, मुझे विश्वास है ओस
        अजर है, अमर है।
    तन भले ही गँवा चुकी हो
        उसकी आत्मा नश्वर है।


कल पूर्व में पुनः लाल
    रंग मन भायेगा।
प्रातः पुनः दम्भी भास्कर
    अवश्य आयेगा।

कल फिर तंद्रिल निशा की कोख
से जन्म लेगी ओस।
मानों दिवाकर को देखकर
तत्पर करेगी जय-घोष।


विस्मित सूर्य पलकें झपकता
हाथ मलता रहेगा।
प्रकृति का यह क्रम यों ही
निरंतर चलता रहेगा।


मेरा प्रगति-पथ न कभी रुका है,
न कभी रुकेगा।
सूर्य मुझे न कभी मिटा सका है,
न कभी मिटा सकेगा।

# गद्य-गीत-वीथिका

# कुछ अनकहे सन्दर्भ

कुछ अनकहे सन्दर्भ
और भविष्य का गर्भ –
अनिश्चित, अवसाद, संत्रास से ग्रसित;
मैं निश्चय की परिधि में बाँधना चाहता हूँ......
किन्तु... मुझे एक उत्कृष्ट भूमिका चाहिये।


कुछ अधूरे चित्र
प्रकृति का विचित्र -
परिवेश, अंधकार में डूबे बिम्ब;
मैं इन्द्रधनुषी वर्णक्रम में  रँगना चाहता हूँ.......
किन्तु... मुझे रंग-बिरंगी तूलिका चाहिये।

कुछ उमड़ते भाव
मन में छिपे घाव –
कराहते, सिसकते, व्यथा से पीड़ित;
मैं मौन को एक वाणी देना चाहता हूँ......
किन्तु...मुझे सशक्त शब्दों की वीथिका चाहिये।

कुछ टूटे सपने
हैं अदृश्य जितने –
खंडहर, अतीत की यादों से सीमित;
मैं वर्तमान में मूर्त रूप देना चाहता हूँ.....
किन्तु...मुझे उत्साह की मरीचिका चाहिये।

# शब्द-जिन्हें स्वर न मिला

"तुम! तुम कौन हो?"

"मैं? तुम मुझे नहीं जानते! तुमसे मेरा बहुत घनिष्ठ सम्बन्ध है। मैं तुम्हारे हृदय में संचित वह अवाँछनीय कोष हूँ जिसे बिना चाहते हुए भी तुम मन के एक कोने में प्रश्रय दिये हुए हो, मैं वह अग्नि का भंडार हूँ जो कभी भी विद्रोह की चिंगारी उत्पन्न कर सकता है, मैं वह चिंगारी हूँ जो अवसर पाकर एक विशाल ज्वाला बन सकती हूँ और मैं वह उद्गम-स्रोत हूँ जो जल की अतुल-उपत्यकाओं को जन्म देकर सर्वत्र नीरवता व्याप्त कर सकता है!"

"-------!"

"मेरे बहु-आयामी परिचय से तो अब तुम मुझे जान ही चुके होगे। किन्तु तुम कौन हो? ---- तुम वही मानव हो न! जो अपने क्षणिक आनन्द के लिये सब कुछ कर सकता है। तुम अपनी अल्पकालिक प्रसन्नता के लिये उन पक्षी-गणों के जीवन को एक शिकार के नाम पर ही नष्ट कर देते हो, जो उषा और संध्या की स्वर्णिम आभा में नील-गगन में अपने मधुर

कंठ-कलरव का साम्राज्य स्थापित करते हैं-तुम्हारे ही सुख के लिये! अपनी प्रसन्नता के रक्षक को तुम स्वयं ही समाप्त कर देते हो! ----और तुम हो- दीन-हीनों के करुण क्रन्दन का संग्रह जो विश्व की अव्यवस्थाओं और अनियमितताओं का परिणाम है!"

"----------!"

"तुम वही सूर्य हो न! जो प्रभात में अपनी तेजस्विता से बाध्य कर देते हो विभावरी को- अपना जीवन खोकर चली जाए वह अधूरे सपनों को लिये! तुम वही दिनकर हो न! जो विवश निशा की स्मृति तक को नहीं चमकने देते--स्मृति! जो ओस की बूँदों का रूप धारण करके अपनी प्रतिभा का प्रदर्शन करना चाहती है किन्तु तुम्हारे प्रभावशाली हाथ उसे मिटने के लिये विवश कर देते हैं। तुम्हारे निर्मम हृदय पर रात्रि के ओस-रूपी आँसुओं का कोई प्रभाव नहीं पड़ता! और तुम वह भ्रमर हो न! जो अल्प-काल में ही बेचारी कलिका का सर्वस्व रस चूसकर उसे सर्वदा के लिये त्याग देते हो!"

"--------!"

"और अब तुम मेरा परिचय पूछते हो? मैं वही विहग हूँ, वही रात्रि हूँ, वही ओस हूँ और वही कली हूँ। तुम मानवों ने अपने स्वार्थ-साधन के लक्ष्य के लिये हमें अपनी हस्त-कला बनाकर छोड़ दिया है क्योंकि तुम्हारे पास साधनों का अभाव नहीं; किंतु अभाव है- एक अनुभूति-पूर्ण हृदय का! तुम्हारे समाज में व्याप्त भ्रष्टाचार, अव्यवस्था, अराजकता और भाई-भतीजावाद के समक्ष सभी कुछ नष्ट हो जाता है- हमारी योजनायें और हमारे स्वप्नों का लम्बा ताना-बाना!

हम विद्रोह करके आसमान छूना चाहते हैं लेकिन कलियों की भाँति हमारी अभिलाषाओं और कल्पनाओं को कुचलकर दबा दिया जाता है। फूलों की चाह करने पर हमें मिलते हैं शूल जो हमारी आशाओं, स्वप्नों और आकांक्षाओं के बाँध को बेधते रहते हैं और अन्ततः उसे धूल-धूसरित कर देते हैं-..... और इसी को तुम स्वार्थी कहते हो- प्रजातंत्र! लोकतंत्र! समाजवाद!.... और न जाने क्या-क्या.....?

.......और रह जाते हैं शेष-हमारे हृदय के एक कोने में हमारी ध्वस्त अभिलाषाओं के अवशेष, स्वप्नों के कंकाल और कल्पनायें----

काश! हम भी कुछ कर पाते!

काश! हमारी अभिलाषायें भी मूर्त रूप ले पातीं!"

❖

# दोषी !

अरे! सुनो तो!

-------- नहीं सुनोगे? मत सुनो। चले जाओ मुँह मोड़ कर मुझसे, उस लोक में जहाँ मैं तुम तक न पहुँच सकूँ। नहीं! नहीं! तुम मत जाओ। तुम तो नितान्त निर्दोष हो! दोषी तो मैं हूँ जिसने दोषों का हलाहल अपने होठों से स्पर्श ही नहीं किया, अपितु उसका गरल-पान भी किया है!

और! मेरा दोष कितना था? मेरा दोष केवल इतना ही था न- कि मैंने प्रेम को रस की निर्झरी से युक्त ज्योति का प्रभा-कुंज बनाना चाहा था जो राह में एक फूल की भाँति आये और जीवन को सुगन्धित कर दे अपने कोमल-स्पर्श से पगी हुई समीर से। मैंने चाहा था कि संसार मुझे प्यार दे और उस गोधूलि-वेला के स्वर्णिम प्रकाश में मैंने कल्पना की थी अपने संसार की- केवल तुम्हारे रूप में- तुम्हारे सम्पूर्ण परिवेश के रूप में।

किन्तु दुर्भाग्य! तुमने मेरे अधरों की मादक मुस्कान की माधुरी और स्वप्न-विभोर नयनों के निमंत्रण का अवांछित

लाभ उठाया। मेरे ज्योतिर्मय अस्तित्व को समाप्त करके, मेरे श्रावण की सरसता का उपभोग करके, मेरे वसन्त के उन्माद की अपनी स्वार्थ-परकता और आत्म-केन्द्रकता से हत्या करके मेरे साथ विश्वासघात किया। मेरी आकांक्षाओं का गला घोंटकर तुमने मेरे जीवन में एक अंधकार ला दिया है जो मेरे प्रेम-पुष्प पर व्यंग्य कर रहा है। प्रेम का बंधन तो टूट गया किंतु घृणा मुझसे अब भी उतनी ही दूर है।

अरे! तुम जा रहे हो! शाश्वत-विरह का क्रन्दन-स्वर तुम्हारे हृदय को अभिभूत क्यों करेगा? निर्मोही मानव! मेरा उत्तप्त-रक्त अब विद्रोह के कगार पर है। उपभोग करके त्यागने की प्रवृत्ति तुम मानव होकर कैसे त्याग सकोगे?पर इतना याद रखना- एक दिन अवश्य तुम्हारी आँखों में आँसू आयेंगे- जग-व्यवहार की ठोकरें लगने पर। और तब तुम यह सोचने पर विवश होगे- "प्रेम ही प्रेम का प्रतिदान है। प्यार अन्तस्तल का उच्चतम विकास है।"

# कल्पने !

आओ कल्पने!

आओ! मेरा साथ दो जिससे मैं तुम्हारे सुविशाल पंखों पर एक विहग की भाँति उड़कर ऐसे लोक में पहुँच जाऊँ- एक नीरव-शांत संसार में—जहाँ एकान्त में बस हम दोनों हों। एक ऐसे पारलौकिक विश्व में- जहाँ पीड़ा, दुःख और संत्रास का कोई अस्तित्व न हो; एक ऐसी दुनिया में- जहाँ आपसी वैमनस्य और क्लेश का बीज न बोया गया हो; एक ऐसे जगत में- जहाँ रंग, द्वेष, भेद-भाव, जाति और धर्म की संकीर्णता की दीवारें अगम्य चट्टान की भाँति मार्ग में बाधा बनकर न खड़ी हों; एक ऐसे स्थान पर- जहाँ भाई-चारे और प्रेम-मय जीवन को हेय दृष्टि से देखकर उँगली न उठाई जाती हो!

आओ!

हम चलें वहाँ--- जहाँ प्रवाहित हो रही हो- बस प्रेम की मंदाकिनी, पारस्परिक सौहार्द्र के निर्झर; जहाँ की वायु में हों- सुगंधित जीवन की सुखद अनुभूति के क्षण; जहाँ की

पृथ्वी में हो-मधुर हास्य का स्पन्दन और जहाँ के सलिल में हो- जीवन-संगीत का कल-कल निनाद!

चलो!

चलें वहाँ--- जहाँ हम स्वच्छन्द हों- उन्मुक्त विचरण के लिये; जहाँ हम स्वतंत्र हों- अपनी कामनाओं की अभिव्यक्ति के लिये। उमस, घुटन और बेचैनी के क्षण जहाँ कभी न आ पायें; बिखरी हुई धूल के कण तूफान के चक्रवात बनकर हमारे नेत्रों के सम्मुख न आ पायें और---- और धूमिल न कर पायें- हृदय में प्रतिष्ठित किसी की प्रतिमा को- जो अतिशय प्यार का सजीव रूप है, जिसमें श्रद्धा का पराग स्फुरण के लिये प्रस्तुत है; जहाँ- पवन की आर्द्रता का झीना आवरण हृदय के कोमल कोने में छिपी भावनाओं को कुंठित न बना दे; जहाँ हमारी संचित अभिलाषाओं का उफान धीरे-धीरे शान्त हो- एक-एक कामना की पूर्ति पर, एक-एक आकांक्षा की पूर्ति पर!

सहचरी!

हम चलें वहाँ---जहाँ नितान्त प्रदर्शन सम्मान्य न हो; प्रदर्शन की पर्तें जहाँ वास्तविकता की प्रतियोगी बनकर उस पर विजय न पा सकें; अत्यधिक विश्वास के अन्तर में वैमनस्य को पालकर कोई किसी से छल-कपट न कर सके; दीनता, अभाव और शोषण जहाँ से अदृश्य हों; निरीह और विवश आँखों में जहाँ आशा का प्रकाश जगमगाता रहे और.....और प्रशस्त हो हमारी प्रगति का मार्ग- स्वच्छ और कालिमा-रहित हमारी अभिलाषाओं की चादर पर अवलम्बित!

सुन्दरी!

हम चलें उस सुरम्य वन-स्थली में- जहाँ की शस्य-श्यामला भूमि पर सर्वत्र हरियाली का साम्राज्य हो; मृग-शावक भय-रहित होकर कुलांचें भरते हुए हमारे आगमन पर प्रसन्नता व्यक्त करें और उन्मादित समीर मंद वेग से स्वागत-गान करे; जहाँ के पर्यावरण में एक अमिट विश्वास की चटकीली धूप सदैव चमकती रहे; स्वर्णिम भविष्य की उपत्यकायें उन्द्वासित जीवन का मार्ग-दर्शन करती रहें....और फिर बँध जायें हम दोनों एक-दूसरे के बाहु-पाश में--- प्रेम को बंधन में बाँधकर सार्थक करने के लिये! कहीं खुलकर वह भटक न जाये! आवारा रहकर सूख न जाये!

अरे!

 तुम ठिठक क्यों गईं? आधुनिक युग के संकीर्णता-रहित पर्यावरण में भी तुम अकेली अनुभव कर संकोच क्यों करती हो? तुम अकेली नहीं, मैं भी हूँ। तुम मेरी सहचरी हो; मैं तुम्हारा सहचर हूँ!......

.....क्या कहा?......


प्रिये कल्पने!

तुम ठीक ही कहती हो! तुमने मुझे एक नवीन मार्ग दिखाया है जिसके अन्त में मेरा कर्त्तव्य मुझे अपनी ओर आकर्षित कर रहा है। कौन सजायेगा-सँवारेगा इस विश्व को-- यदि हम----यदि हम किसी दूसरे संसार में चलें जायेंगे? इस संसार को सौन्दर्यमय बनाने का दायित्व हम पर ही है-- जहाँ चाँदनी की

शीतलता में प्रेम की त्रिवेणी प्रवाहित होती हो, जहाँ उषा और संध्या की शोभा-सुषमा किसी की याद अकस्मात् ही दिला दे!

कल्पने!

तुम कितनी सुन्दर हो! तुम कितनी मधुर हो!

# शमशान !

◆◈◆

बचकर जाना पथिक!
मार्ग में शमशान है!
जहाँ-
प्रेत बेचारे राही को भयभीत कर देते हैं;
उसकी क्षमता को चुनौती देने के लिये (?)

चलता गया पथिक,
भाव-बीथिका को बेधता हुआ-
'झंझावातों को परास्त करना ही तो मेरी नियति है!'

"स्वागत है तुम्हारा विश्वासघाती!
दृष्टि मत फेरो कापुरुष!
आओ!
अपनी प्रतिभा का जौहर दिखाओ!

कल्पना के ऊँचे शिखर का
स्वप्न देखने वाले भीरु !

यथार्थ और वास्तविकता के पारदर्शक धरातल पर-
अपने स्वार्थ और प्रभुत्व की कालिमा पोतने वाले!
पुष्प-कलिका की रजत-पंखुड़ियों में-
वैमनस्य, भेद-भाव, कलुषता की गंध भरने वाले,
निरीह और विवश आँखों के-
ज्योति-पुंज का अपहरण करने वाले निकृष्ट!
दीन-दुखियों की आहत श्वाँसों को-
अपने दर्पण से परावर्तित करने वाले-
निर्मोही, दलित, निर्मम मानव!

हमारी आकांक्षाओं की आधार-शिला पर खड़ा-
तेरा महल अब धू-धू करके जल उठेगा;
तेरी अट्टालिकाओं की चाँदी-
हमारे मनोवेगों के उत्तप्त-रक्त की-
सरिता में बह जायेगी।"

स्मृतियों के चक्रवात में फँसा पथिक
चीख पड़ा- 'हाय!'
और.....उसके शव पर एक प्रश्न-चिन्ह आकर खड़ा हो गया-

'क्या वास्तव में पा ली है मानव ने मानव पर विजय ?
और नहीं है मानव के पास, मानव का हृदय?'

# अन्तहीन

दिवस शिथिल होता हुआ
अपने अनिश्चित, अज्ञात-
नीड़ की ओर जा रहा है-
मंथर गति से,
बोझिल पद से।

भास्कर के रथ का सारथी
अब थक चुका है।
दिनकर की रश्मियों की ज्योति
पल-प्रति-पल
मन्द हो रही है।

क्षितिज पर
ऐसे- अवसाद के क्षणों में भी-
कुछ रेखायें
उनींदी अँगड़ाई ले रही हैं,
इन्द्र-धनुषी-अरुणिम-आभा
उनका श्रृंगार कर
किसी की चंचल प्रतीक्षा कर रही है।

किसी की शिथिलता है
किसी को गति का अमृत!
किसी के सिसकते उच्छवास हैं
किसी के तारुण्य की सिहरन!

समय का चक्र थोड़ा और घूमता है-
संध्या-रमणी की दीप्ति
निष्प्रभ हो चुकी है।
वनिता के उल्लास की आशा
कहीं दूर उड़ चुकी है।
उसका स्थान ले लिया है-
ज्योति-दीप को घेरे

निशा की अभेद्य श्रृंखलाओं ने,
दीपक-राग में खोयी
शान्ति की अव्यक्त वंचनाओं ने।

आत्म-विस्मृति का यह परिसर भी
शलभ को कितना प्रिय है!
मादक-माधुरी के संगीत-स्वर
जीवन-होम-हेतु कितने प्रचुर हैं!

समय का चक्र कुछ और घूमता है-
भ्रम-विभ्रम की एकरूप कारा
सिमटने लगती है।
गगन के आरक्त मुख पर
कुछ रेखायें
फिर बनने-सँवरने लगती हैं।

उषा किसी को विदा करके
किसी का स्वागत करने को प्रतिबद्ध है-
एक ही साथ

उल्लास और शोक के भाव
मुख पर निरूपण के लिये आबद्ध हैं।

फिर उसे उस दिवस का स्वागत करना पड़ रहा है-
जिसको वह युगों से जानती है।
उस निशा को विदा करना पड़ रहा है
जिससे उसका युगों का परिचय है।

यह जानते हुए भी कि-
दिवस फिर थक कर चूर होगा,
निशा फिर इसी भाँति लुट कर जायेगी,
किन्तु
यह प्रिय-अप्रिय खेल,
यह नाटक की दोहरी भूमिका,
उसने बड़े यत्न से,
युगों से
बड़ी कुशलता से निभायी है।

कितनी शीतल है!
रजनी की सुशान्त छाया।

कितनी उष्ण है!
दिनकर की उत्तप्त काया।

हम दोनों से प्यार करते हैं।
हम दोनों से दूर भागते हैं।
कितने सुखद हैं!
कितने दुःखद हैं!
इस अन्तहीन जीवन के
अन्तहीन-अगणित पड़ाव!

हम जानते हैं-
यह एक शाश्वत चक्र है।
फिर भी
हम मृग-मरीचिका के शिकार
हो ही जाते हैं।
विस्मृति और विभ्रम के क्षणों में
हम मग्न हो जाते हैं !

और,

जीवन के अपरिमित पथ पर

चलते चले जाते हैं-

उस दिवस की भाँति-

जो शिथिल होता हुआ

अपने अनिश्चित, अज्ञात-

नीड़ की ओर चला जा रहा है।

# मेरा अस्तित्व

मेरे प्रियतम !
प्रतिदिन अपने जीवन के एकान्त क्षणों में
जब, मेरी स्मृति की  उँगलियाँ
अपने आँचल के क्षितिज को
बुनने में व्यस्त होती हैं-
मेरे कोमल हृदय के
इन्द्र-धनुषी द्वार पर
एक परिचित-सी आहट होती है।
मेरी एकाग्रता भंग हो जाती है-
यह आहट तुम्हारी ही तो होती है!


तुम्हारी प्रकृति के स्वर
स्पष्ट मेरे कानों में गूँज जाते हैं!
उँगलियों के धागों में उलझी हुई

मैं उठ खड़ी होती हूँ-
थिरकते पगों से दौड़ पड़ती हूँ-
द्वार की ओर, किंतु
द्वार पर पहुँच कर
फिर ठिठक जाती हूँ-
कुछ पल के लिये।

द्वार पर फिर खट-खट सुनाई देती है,
मेरी सम्मोहित तन्द्रा
काँप उठती है-
तुम्हारी निकटता का आभास पाकर।
धीरे से मैं द्वार खोल देती हूँ-
किंतु यह क्या?
तुम कहीं भी तो दिखाई नहीं देते ,
आँखें घबरा कर बन्द हो जाती हैं-
और तुम-
अपलक नेत्रों से मुझे
वहाँ निहार रहे होते हो !

# पूर्वार्द्ध:

तुम्हारी इस निर्निमेष दृष्टि में-
कितना आकर्षण होता है !
मैं अबोध खो बैठती हूँ-
अपनी सारी विचार-शक्ति को।
बड़ी निर्ममता से
तुम मेरी स्मृति की
उँगलियों को मरोड़ देते हो।
कितने निर्दयी हो जाते हो तुम-
मेरे हृदय के धड़कते धागों को तोड़ते समय !
कितने भाव-हीन हो जाते हो तुम-
मेरी तन्मयता का प्राण छीनते समय !

पर मेरे प्रिय !
बड़े भोले हो तुम !
तरस आता है- तुम्हारी अज्ञानता पर।
यदि तुम सोचते हो-
इतने निर्मम होकर

तुम मुझे अत्यन्त पीड़ा पहुँचाओगे,
तो बड़ी भूल करते हो मेरे देवता !


यह सच है-
कि तुम्हारी यह निर्दयता
क्षण भर के लिये
मेरी लालसा को
बड़ी पीड़ा पहुँचाती है।
पर, साथ ही यह भी सच है-
कि यह पीड़ा
मेरे प्राणों में
नव-जीवन का संचार करती है।


तुम जितने कठोर बनते जाते हो-
मेरी कोमलता
समर्पण के चरम-बिन्दु की ओर
उतनी ही तीव्रता से बढ़ती जाती है;

मेरे मानस में तुम्हारी छवि
उतनी ही और
सजने-सँवरने लगती है;
मेरा स्नेह
उतना ही और सिहरने लगता है;
और, मेरा प्रेम
पल-प्रति-पल
अभिसार की शीतलता की आकांक्षा लिये
उतना ही और प्रखर होता जाता है !


## उत्तरार्द्धः


तुम्हारे इन स्थिर नेत्रों में
कितनी निर्लिप्तता निहित होती है !
मैं सिहर उठती हूँ-
तुम्हारे इस अपरिचित-
अपरिचय के भाव को देखकर।
सम्बन्धों की रेखा के प्रथम बिन्दु को
तुम मिटाना चाहते हो न !

किन्तु, मेरे स्वामी !
तुम्हारा सारा अधिकार भी
इसे मिटाना तो दूर,
इसे लाँघ भी नहीं पायेगा,
क्योंकि-
इन्द्र-धनुष के अन्तिम रंग से
मेरे सुहाग के प्रतीक
इस अरुण-पथ के
प्रथम बिन्दु का अभिषेक
तुम्हीं ने तो किया था !

और, तब से अब तक निरंतर-
तुम उसे-
अपने विशाल वक्ष-स्थल के
प्रगाढ़ कुंज में
साधिकार आश्रय देते रहे हो।
तुम्हारा यह अनिच्छित प्रयास-
मेरे जीवन-स्वर को चुप करने का,
मेरी कामनाओं की प्रज्ज्वलित अग्नि पर
तुषारापात करने का,
मेरे मानस की भाव-मूर्ति को

विखंडित करने का,
मेरे प्रदीप्त चिन्तन की सरिता को
विश्रृंखलित करने का-
सफल हो जाये, संभवतः;
मुझे तुम्हारी क्षमता पर पूरा विश्वास है।


एक बात जानते हो मेरे प्राण!
मैं- तुम्हारी ही रचना तो हूँ-
मेरी जीवन-वीणा की
प्रत्येक श्वाँस-
तुम्हीं ने न्यौछावर की है।
मेरी कामनायें-
तुम्हारी कामनाओं का ही प्रति-रूप हैं।
मेरी अमर भाव-मूर्ति-
मेरे-बस मेरे-तुम्हीं तो हो !


और तुम-
इन सबके साथ
ऐसा क्रूर खेल नहीं खेलोगे-
इतना मैं जानती हूँ।
इन सबको अपने

विमोह की पीड़ा से
आघात नहीं पहुँचाओगे,
ऐसा मेरा विश्वास-
तुम्हारी असफल सफलता कहती है।

क्योंकि, यही तो
तुम्हारा व्यक्तित्व है !
और-
तुम्हारा व्यक्तित्व ही-
मेरा-और मेरा ही-
अस्तित्व है !

# मुक्त - कविता - कुंज

# मैं कौन हूँ?

मैं पुत्र हूँ,
मैं भाई हूँ,
मैं पति हूँ,
मैं पिता हूँ,
इन सभी सम्बन्धों का
केन्द्र हूँ मैं।

मुझसे अपेक्षा की जाती है
कि मैं इन सम्बन्धों की
कसौटी पर खरा उतरूँ।

पुत्र के रूप में
मैं माता-पिता की
सारी आज्ञाओं का

पालन करूँ; अन्त तक
नत-मस्तक रहते हुए ।


भाई रहते हुए
मैं भाई-बहिन के
पवित्र  सम्बन्ध के
स्नेहिल अनुबंध की
रक्षा करूँ ।


पति बनकर
पत्नी के प्रति
सदैव
पूर्ण समर्पण का
भाव प्रदर्शित करूँ ।


पूज्य पिता होकर भी
बच्चों की हठधर्मियों का
ध्यान रखना
मेरा कर्त्तव्य है ।

सारे सम्बन्धों की
आशाओं,
आकांक्षाओं,
कामनाओं,
अभिलाषाओं
को पूर्ण करना,
उन्हें मूर्त रूप देना
मेरी नियति है।

मेरा 'स्व' शून्य में
स्थाई रूप से
विलुप्त रहता है।

परिवार के मन्दिर में
सब अपनी- अपनी
इच्छा-पूर्ति के लिये
मुझे
प्रसाद के रूप में
प्रयोग करते हैं।

मैं----
मन्दिर की देव-मूर्ति
के सामने लटके हुये
उस घंटे के समान हूँ-
जिसे सभी भक्त आकर
जब चाहें
जैसे भी चाहें
आकर बजाते हैं,
अपनी इच्छा - पूर्ति के लिये !

और मैं
वायुमंडल में खो गयी
स्वर-ध्वनि को
सँजोने का प्रयास करता हूँ---
खोजते हुए
अपने
विभाजित व्यक्तित्व को
बिखरे हुए अस्तित्व को !!!

# अबोध छवि

अपने
बाल-सुलभ चेहरे पर
मोटी-मोटी आँखों को
घुमाती हुई,
नन्हें-छोटे
हाथ-पैरों को
तेजी से चला रही थी ---
जब मैंने उसे
उसके जन्म के पश्चात्
पहली बार देखा था।

पिता बनने की
गुदगुदी मिठास

और सुखद अनुभूति से
परिचित कराया था।

ऐसा प्रतीत हुआ था
मानों
एक क्षण में
मैं एक प्रतिष्ठित
पद पर
आसीन होकर
गौरवान्वित
अनुभव कर रहा था।

एक लम्बा अन्तराल
बीत चुका है।
और जैसे  इस अवधि में
अन्य सब कुछ भी
बीत गया है।

अब,
वह बड़ी हो गयी है,
वयस्क हो गयी है।

अपने विषय में
सारे निर्णय लेना
चाहती है स्वयं ---
क्योंकि इसमें
स्वयं को वह
पूर्ण सक्षम मानती है।

जो कभी उसकी
सारी बातें सुनते थे
और सुनते हैं;
उनकी ओर से
एक शब्द सुनना भी
उसे स्वीकार्य नहीं है।

अपनी प्रत्येक बात
मनवाने के लिये
जिनके पीछे
वह हठ करके
पड़ी रहती थी --
उनकी एक भी बात
वह मान ले---

इसकी कल्पना भी
नहीं की जा सकती।

माता-पिता अब भी
उसकी बात
मानने के लिये
बाध्य ही नहीं,
विवश हैं---
वातावरण को
शांतिमय एवं
कुछ तो समरस
बनाए रखने के लिये !

सम्मान तो दूर
शब्दों का मान रहे----
यह भी असंभव-सा
हो गया है,
चुप रहने में ही
माता-पिता
अपना हित समझते हैं।

एक विचित्र-सी
स्थिति है हमारे समक्ष-
सम्भवतः
कोई कमी रह गयी
हमारे स्नेह में,
कोई भूल हो गयी
हमारे पालन-पोषण करने में
अथवा
यह प्रभाव है---
आज के
सम-सामयिक
समाज का,
उन्मुक्त पवन या
स्वायत्तता से भरी
आधुनिक बयार का।

क्या वह दिन
कभी आयेगा जब
मैं उसकी पहली
अबोध छवि की
झलक पुनः देख सकूँ?

# सम्बन्ध

सम्बन्ध
अंकुर हैं।

इन्हें
आवश्यकता होती है
श्रद्धा और आस्था की
कोमल भूमि की,
सम्मान एवं आदर के
उर्वरक की,
सहयोग के
प्रकाश की,
प्रेम तथा भावना के
पवन की

और
स्नेह की सरिता के
नीर की।

इनके अभाव में
वे सार्थक
नहीं बन पाते।
सौजन्य और सौहार्द्र
उनमें
नहीं पनप पाता।

विकास के लिये चाहिये
उन्हें स्वस्थ पर्यावरण,
निरंतर  शक्ति के लिये
आवश्यक है
त्याग व समर्पण----
स्वार्थ-रहित,
महत्त्वाकांक्षाओं
से परे।

फल की कामना
से वे हो जाते हैं
कुंठित,
मुरझाये हुए।

समता के धरातल पर
विषमता के झोंकों  से
बचाते हुए,
ओला वृष्टि के
झंझावातों से दूर
प्रदूषण-मुक्त
अनुकूल
परिस्थितियाँ
उत्पन्न करते हुए ,
सतत प्रयास की
भागीरथी के
पावन जल से
उन्हें
सींचना पड़ता है।

अन्यथा
उपयुक्त
अभिसिंचन के
अभाव में
सम्बंधों का विकास
रुक जाता है,
वे मुरझाने लगते हैं,
सूख जाते हैं,
मृतप्राय हो जाते हैं,
टूटने लगते हैं।

उनके अस्तित्व पर
संकट के बादल
छा जाते हैं----
पूरी क्षमता से
बरसने के लिये
आतुर।

और फिर
उदय होता है
अन्धकार से ओत-प्रोत

एक शुष्क-रूखे

अनुभूति-रहित

युग का,

पतझड़ का,

जिसे

ऋतुराज वसन्त

का बहुवर्णीय

मनोहर

आगमन भी

पुनः

सशक्त---

प्रसन्न---

पुनर्जीवित

नहीं कर पाता है !!!

# रेत के कण

जीवन
नश्वर है,
क्षण-भंगुर है।

सब-कुछ
अनिश्चित-सा है।

प्राणों की डोर
किसी अदृश्य
नियन्ता के हाथों में है।

समय
जीवन का
गति-निर्धारक है।

समय के माप-दंड
जीवन की सीमा
निर्धारित करने का
प्रयास करते हैं।


किन्तु
जीवन को
समय की
परिधि में बाँधना
असंभव है,
वैसे ही
जैसे
सिकता-कणों को
मुट्ठी में
समेटना-सहेजना।


समय और
जीवन
धीरे-धीरे
रेत के कणों की तरह

हमारी मुट्ठी से
फिसलते रहते हैं।


अन्ततः
एक दिन
रेत पर बने
पैरों के चिन्हों
की तरह,
हम यहाँ से
विदा हो जाते हैं---
पर-लोक
वास के लिये।

# छाया

<br>

हम
छाया को
छूना चाहते हैं।
छाया के साथ-साथ
चलना चाहते हैं।

स्वयं को
छाया के साथ
आत्मसात करने में
प्रसन्नता का
अनुभव करते हैं।

भूल जाते हैं---
छाया क्षणिक है,

पल-पल परिवर्तन
उसके अस्तित्व में
एक स्वाभाविक
प्रक्रिया है।


सूर्य/ प्रकाश की
किरणों की कृपा पर
उसका आकार
आश्रित है।
कभी घटती है,
कभी बढ़ती है,
कभी धीरे-धीरे---
तो कभी अचानक
लुप्त भी हो जाती है।


कभी बादल,
कभी चक्रवात की
भेंट भी चढ़ जाती है।


और
उस सम्बल में

हमारे विश्वास की नींव
डगमगा जाती है ।

छाया में
हमारी आस्था,
छाया पर
हमारी निर्भरता
एक छलावा है—
बुद्धिमत्ता से दूर।

विवेक के धरातल पर,
समय की माँग पर
संतुलित रहते हुए
आत्म-विश्वास को
पोषित करना ही
हमारे लिये
श्रेयस्कर है।

❖

# महाशक्ति

कार चौराहे पर
आकर रुक गई।
ट्रैफिक लाइट लाल थी।

आने वाले वाहनों में
कुछ ने खिड़कियों के
शीशे बन्द कर लिये,
कुछ ने शीशे
नीचे करके
खिड़कियाँ खोल लीं।

बड़ी संख्या में
वृद्ध नर-नारी,
युवक-युवती

एवं बच्चे
वाहनों के आस-पास
उभर आये।

दीन-हीन चेहरे पर
करुणा भरे
भाव लिये
अनेक प्रकार की
याचनायें करने लगे।

कुछ गूँगे होने का
अभिनय कर रहे थे,
कुछ पैर से---
कुछ हाथों से---
पंगु/ विकलांग
होने का
अभिनय कर रहे थे,
तो किसी की कमर झुकी हुई थी।

व्यस्त हो गये सब
माँगकर कुछ

धनराशि एकत्रित
करने के प्रयास में।

निर्धारित समय पर
बत्ती हरी हो गयी
सभी वाहन धीरे-धीरे
चलने लगे।

थोड़ा आगे जाकर
मेरा ध्यान
पीछे की ओर
आकर्षित हुआ---

गूँगों की वाणी में
खिलखिलाहट
भर गयी थी,
हाथ-पैरों की विकलांगता
अचानक
लुप्त हो गयी थी;

झुकी कमर
सीधी हो गयी थी
और सब
एक स्थान पर
साथ मिल कर,
माँग कर
इकट्ठे किये गये
धन के बारे में
एक-दूसरे को
प्रसन्न होकर
बता रहे थे।


इस घटना ने
मुझे बाध्य कर दिया
यह सोचने को---
क्या इन सबकी
यह अर्थ-वृद्धि
बढ़ा पायेगी
हमारे आर्थिक विकास को?

इन सबके योगदान से
विकास की गति को
कितने/ कैसे
पंख लग पायेंगे?

जिससे
सार्थक हो पायेगा
हमारा स्वप्न---
विश्व की
उच्च आर्थिक शक्ति
बनने का,
अंतर्राष्ट्रीय समुदाय में
घटनाओं को
प्रभावित करने वाली
महाशक्ति बनने का।

# क्षितिज

पृथ्वी और आकाश !
दोनों मिलकर भी
कितने अलग हैं !

क्षितिज
उनके मिलन का
जीता-जागता चित्र है।
संसार कहता है –
'वह देखो!
पृथ्वी और आकाश
मिल रहे हैं !'

किन्तु
उन दो अभागों के अधर

पास आकर भी
मिल नहीं पाते।


समाज व्यंग्य
कसता रहता है।
उन्हें देखकर
हँसता रहता है।
और
उनसे ईर्ष्या भी
करने लगता है।


जीवन
क्षितिज की भाँति ही
अनन्त – सा
प्रतीत होता है,
जो दिखाई तो देता है,
पर वास्तव में
प्राप्त नहीं हो पाता है।

# शूल और फूल

'शूल' और 'फूल'–
दोनों का अर्थ
बोध कराता है –
विपरीतता का ।

किन्तु
शूल को बुरा-भला कहना
कहाँ तक उचित है?
इसमें
शूल का क्या दोष है?
यह तो उसकी प्रकृति है –
चुभना, बस चुभना !

और फूल !
यदि वह
प्रत्यक्ष दुःख नहीं देता,
परन्तु अपरोक्ष रूप से -----
तो यह उसकी गुणात्मकता नहीं !

यदि शूल द्वारा दिये गए दुःख में
अंतर्निहित है – सुख.......
और
फूल अपने हृदय में छिपाये है –
दुःख – छल – कपट ......
तो मैं चाहूँगा –
बस और बस, केवल
शूल को ही !!!

# भावुकता

मैं भावुक हूँ, किन्तु
कायर नहीं हूँ।
भावुकता सदा से
मेरी अमूल्य निधि रही है।

भावुकता मुझे
जीवन के प्रत्येक पक्ष का
दर्शन कराती है,
जब मैं उसकी गहराई में डूबकर बस –
गहन चिन्तन एवं मनन करता हूँ।

इसी भावुकता का
प्रश्रय लेकर

मैं किसी निर्णय पर पहुँचने का
प्रयास करता हूँ।


दूसरों का दुःख देखकर
यदि मैं दुःखी हो जाता हूँ,
तो क्या यह
मेरी दुर्बलता है ?


यदि अपना समझकर,
मैं किसी के दुःख को
अनुभव कर सकता हूँ /
अनुभव करता हूँ –
तो किसी और को
मेरा उपहास करने का
क्या अधिकार है ?


दूसरों का दुःख देखने की
और अनुभव करने की
क्षमता ही
मानव को मानव बनाती है।

तभी तो वह उनकी
सहायता कर पायेगा
और
संकट की परिस्थितियों से
उन्हें उबारने का
प्रयास कर पायेगा।

# पत्थर

जीवन वास्तव में
वैचित्र्य से परिपूर्ण है।
प्रत्येक पग पर
मानव को विचित्रता के
दर्शन होते हैं।

और सौन्दर्य ?
सौन्दर्य की कोई सीमा नहीं।
सुन्दरता का
कोई भी मापदंड नहीं !

समय पर
जो मन को भा जाये,
वही सुन्दर है।

सौन्दर्य का प्रथम आकर्षण
अपनी भाव-मूर्ति
हृदय में स्थायी कर देता है।

कभी सोचा है –
सौन्दर्य का प्रतीक फूल,
पत्थर क्यों बन जाता है ?

फूल को यदि
पूर्ण रूप से विकसित होने का
अवसर ही नहीं मिलेगा
और उसे
कँटीले – पथरीले मार्ग पर
विकसित – अग्रसरित होने को
बाध्य किया जायेगा,
तो पत्थर बनने के अतिरिक्त
वह और क्या बन पायेगा ?

# दायित्व

वक्ता अपने शब्दों में
यदि आग फूँकता है,
कवि की कविताओं में
यदि सहृदयता छलकती  है,
गीतकार के गीतों में
पीड़ा मुखरित होती है;

संगीतकार के स्वरों में
वेदना प्रवाहित होती है,
गायक/गायिका की वाणी में
वीणा के छन्द मूर्त रूप लेते हैं;
तो क्या
ये सब इसके लिये उत्तरदायी हैं ?

इन सब में उनके अंतस्तल का
पूरा दर्शन प्राप्त हो जाता है !

इसके लिये
यदि कोई उत्तरदायी है,
तो वे हैं –
जन – मानस की
अपूर्ण अभिलाषायें,
अधूरे स्वप्न, विचार,
समाज में व्याप्त अन्याय, अनाचार,
जीवन में बिखरी शून्यता, शुष्कता,
घृणा, विद्वेष, अत्याचार;
परिवेश में समरसता का पूर्ण अभाव
एवं
पारिवारिक आपसी ताने-बाने का
सर्वत्र छिन्न – भिन्न हो जाना !

ये सब तो
अपना – अपना दायित्व निभाते हैं –
अपने शब्दों में,
कविताओं में,

गीतों में,
संगीत-स्वरों में
एवं वाणी में –
अपनी – अपनी
क्षमतानुसार उन्हें उभार कर,
मुखर करके।

# परोपकार

जीवन में कभी – कभी
विचित्र अनुभव भी होते हैं।
कुछ लोगों के सिद्धान्त
स्वयं के लिये कुछ और होते हैं
तथा दूसरों के लिये कुछ और।

दिन – प्रतिदिन
संसार में
इस अनन्त व्योम के नीचे
यही सब कुछ तो घटित होता है !

यदि हमें किसी का
उपकार करने का अवसर मिलता है,
तो क्यों न करें ?

इसके लिये आवश्यक है –
हमारे हृदय में
किसी का भला करने की
भावना का विद्यमान होना –
कभी क्षमता के अंतर्गत ,
कभी क्षमता के परे जाकर,
और कभी – कभी
इच्छा के विरुद्ध जाकर भी !

परिस्थितियों के अनुसार;
बिना यह सोचे कि
भलाई के बदले
हमें क्या मिलेगा ?

केवल इस भय के कारण
हम परोपकार करने की
भावना का
त्याग तो नहीं कर देंगे !

# भाग्य पर विश्वास

भाग्य पर मैं
बिलकुल भी विश्वास नहीं करता।
भाग्य पर विश्वास करने वालों को
लोग मूर्ख कहते हैं !

किन्तु मैं भाग्य को
भला – बुरा कुछ भी तो नहीं कहता।

मेरी दृष्टि में कोई मनुष्य
जो कुछ भी करता है ;
उसकी पृष्ठभूमि में निहित होते हैं –
उसकी अपनी सोच,
विचारधारा,
सीमाएं,

धारणाएं,
सँजोया ज्ञान
एवं सामाजिक/पारिवारिक परिवेश ;
जिनके अनुसार अपने विचारों को
वह संयत करता है।

इससे अधिक सोचना
और कार्यान्वित करना –
उससे इसकी आशा करना व्यर्थ है।

फिर भाग्य के विश्वासी को,
पुरुषार्थ की दुहाई देने वाले –
बुरा – भला कहते हैं –
तो यह कहाँ तक उचित है ?
इसका उन्हें क्या अधिकार है ?

# विश्वास अपने-अपने

प्रत्येक व्यक्ति के कुछ
अपने विश्वास होते हैं,
जिनके आश्रय से वह –
आधार प्राप्त करता है –
जीवन में आगे बढ़ने के लिये।

उसके अपने नैतिक मूल्य होते हैं –
जिनका पालन उसके अपने
लक्ष्य प्राप्त करने में
अत्यन्त सहायक होता है।

कुछ विशिष्ट माप-दंड होते हैं  -
जिनसे वह हर कार्य के
मूल्य की गणना करता है।

ये विश्वास ,
ये मूल्य ,
ये माप – दंड ,
जब धुँधले पड़ने लगते हैं;

इनसे बना ताना- बाना,
जब छिन्न – भिन्न होने लगता है –
तो डगमगाने लगता है
व्यक्ति का आधार !

रुक – सा जाता है
जीवन – सरिता का प्रवाह !
और व्यक्ति
निराशा की सजीव मूर्ति
बनने के लिये
बाध्य – सा हो जाता है।

# कल, आज और कल

कल की मर्यादा
और
झूठे सम्मान पर आधारित
खोखली प्रथायें और रीति-रिवाज
आज के मानव को
जर्जरित कर देते हैं।
आने वाले कल के
प्रगतिशील समाज के चित्र
उसे चिन्तित कर देते हैं।


इस प्रकार व्यक्ति
अतीत, वर्तमान और भविष्य के
पाटों के बीच
पिस कर रह जाता है।

उसे अपने 'आज' पर
विचार करने का -
उसे आत्मसात करने का –
उसे अंगीकार करने का,
न तो ध्यान रहता है –
न ही अवसर मिलता है –
और न ही
स्वयं का समय !

# विचार-श्रृंखला

सोचते – सोचते
कभी मैं विषय से
कितना दूर चला जाता हूँ ?
यह स्वयं मुझे भी ज्ञात नहीं।

क्या कभी इस विचार-श्रृंखला का
अन्त हो सकेगा ?
नहीं संभवतः !

विचार-श्रृंखला
मानव के जीवन का
एक प्रमुख चिन्ह है,
प्रत्यक्ष प्रमाण है –
उसकी सजीवता का,

परिचायक है –
जीवन के प्रति उसके दृष्टिकोण का।


व्यक्ति की विचार-धारा
उसके व्यक्तित्व की
गहनता और अंतरंगता को
परिलक्षित करती है।


जीवन की सार्थकता के लिए
अत्यावश्यक तत्व हैं –
जीवन के विषय में
विशद और विहंगम दृष्टिकोण !


व्यापक विचार-धारा के बिना
मानव की मानवता अपूर्ण है।

# बन्धन

क्या प्यार की सार्थकता
बन्धन में ही है ?

प्रत्येक व्यक्ति के लिए
जीने हेतु एक
सुदृढ़ आधार चाहिए।
संभवतः इसी को
'बन्धन' की संज्ञा दी जाती है।

मुझे तो किसी प्रकार का
बन्धन सह्य नहीं !
मैं तो मुक्त रूप से
उन्मुक्त पक्षी की भाँति
विचरण करने का पक्षपाती हूँ।

बन्धन जहाँ एक ओर
व्यक्ति को आधार देता है,
वहीं दूसरी ओर वह
उसके विकास में/ प्रगति में
बाधक भी हो सकता है।

बन्धन सदैव अच्छा नहीं !
और
जब पंख मिले हैं/दिए हैं,
तो अनन्त ऊँचाइयों तक
स्वच्छंदता से---
व्योम में उड़ने पर
प्रतिबंध क्यों ?

# स्थायित्व

आज ज्ञात हुआ –
वह व्याकुल है
अपने प्यार से निराश होकर।

प्यार को अस्थायी और
खिलौना समझकर
इस कोमल मार्ग पर चलने वाले को
कुछ भी नहीं मिल पाता यहाँ !
कुछ भी प्राप्त करने से पहले
जीवन में, क्षेत्र-विशेष में
स्थायित्व का  होना
अत्यंत ही आवश्यक है।

स्थायित्व का जीवन में
अपना महत्त्व है।
कभी –कभी तो
स्थायित्व मिलने पर भी
हाथ खाली ही रहते हैं।

जीवन सूना-सा ही
रह जाता है –
एक नाटक के पात्र के अतिरिक्त
कुछ भी तो नहीं !

और हम जीवन भर
उस पात्र के चरित्र का
मंचन करने के लिए
विवश हो जाते हैं !!!

# प्रेरणा-स्रोत

क्या लिखूँ ?
कुछ भी तो समझ में नहीं आता।

ऐसा प्रतीत होता है –
मेरा साहित्यिक जीवन अब ........।
बहुत समय व्यतीत हो गया,
मैंने कुछ भी नहीं लिखा।

प्रत्येक कार्य के मूल में
व्यक्ति का कोई एक
प्रेरणा-स्रोत होता है –
जिसके अदृश्य प्रभाव से
वह अपने लक्ष्य के मार्ग पर
अग्रसर रहकर सफल होता है !

प्रेरणा-स्रोत की ज्वाला

मंद होने पर, कार्य- दीपक

क्षीण होने लगता है

और वह समाप्ति की ओर

बढ़ने होने लगता है।


मेरे प्रेरणा-दीपक की शिखा भी

अब धीमी हो चली है,

किन्तु कुछ भी हो –

एक स्मृति के रूप में

मैं उसे जीवित/जीवंत

अवश्य रखूँगा !

और इतना आत्म-विश्वास तो मुझमें है !!!

# मन - मस्तिष्क

मस्तिष्क
एवं
मन –
इन दोनों का संघर्ष
चलता ही रहेगा।

कोई भी दूसरे पर
विजय नहीं पा सका,
और न ही किसी की
इच्छा पूरी हो सकी।
मानव का जीवन भी
इच्छा और अनिच्छा के
कितने घने जाल में
बुना हुआ है,

गुँथा हुआ है !
भरसक प्रयत्न करने पर भी
वह इससे निकल नहीं पाता।

काश !
आशा – निराशा का
यह ज्वालामुखी
मानव के हृदय से
तिरोहित हो पाता !

यदि ऐसा होता –
तो वह कितना सुखी होता !
इसकी कल्पना से ही
मुझे एक असीम सुख की
अनुभूति होती है।

किन्तु तब
उस एकरस जीवन में
क्या वास्तव में सुख होता ?

# उत्तरार्द्ध

# देवत्व की ओर

स्वार्थ - सिद्धि के लिये जग में
    हम सब कुछ करते हैं।
तरह-तरह के ढोंग करके
    हम बहुत दम भरते हैं।

        कभी स्वयंभू बनकर सबको
           मूर्ख बनाते हैं।
        कभी शक्ति का प्रपंच रचकर
           धाक जमाते हैं।

ईश्वर का नाम ले ईश्वर को
    बंधक बना लेते हैं।
फिर भी 'प्रभु महान है' का
    मुक्त कंठ नारा देते हैं।

कभी देश-प्रेम तो कभी स्वामी-भक्ति
का चोगा पहनाते हैं।
कभी श्रद्धा तो कभी आस्था के
दीपक जलाते हैं।


कभी समाज तो कभी संगठन की
दुहाई देते हैं।
संभाषणों के वशीकरण से बल-पूर्वक
मोह लेते हैं ।


जन-हित, पर-हित का स्थान
निज-हित ने ले लिया है।
लोक-कल्याण की भावना ने
संन्यास ले लिया है।


'सर्वे भवन्तु सुखिनः' बस निज
सुख रह गया है।
'सर्वे सन्तु निरामयाः' रोगी के
पास बस गया है।

'सर्वे भद्राणि पश्यंतु' दृष्टि का
बंदी बन गया है।
'मा कश्चिद्दुःख भाग्भवेत्'
भागों में  बँट गया है।


क्यों हम दूसरों की असफलता पर
तालियाँ बजाते हैं ?
क्यों हम अपने दुःख पर नहीं, दूसरों के
सुख पर शोक मनाते  हैं ?


पहले दीन-दुःखी को देख उसके
विषय में कुछ सोचते थे।
किसी की भीगी पलकें देखकर
उसके आँसू पोंछते थे।


अब हँसते हुओं को रुलाना
हमारी नीति बन गयी है।
उठते हुओं को गिराना
प्रिय रीति बन गयी है।

जो हमें नहीं मिला उसे हमारे
बच्चे कैसे पा सकते हैं ?
जो सुख हमारी पीढ़ी नहीं भोग पायी
ये लोग कैसे भोग सकते हैं ?


दूसरों का उत्कर्ष देखकर
मन जलने लगता है।
अहम् को ठेस पहुँचती है,
अन्तर घुलने लगता है।


अंतर्दाह की अग्नि जब
असह्य हो जाती है।
हृदय की कुंठा मुख पर
परिलक्षित हो जाती है।


रो नहीं सकते इसलिये
चीखने लगते हैं।
अपनी उपलब्धियों का बिगुल
पीटने लगते हैं।

मानसिक उत्पीड़न की प्रक्रिया
आरम्भ हो जाती है।
कभी–कभी यातना चरम सीमा
पर पहुँच जाती है।

मनोबल तोड़ने की पूरी
चेष्टा की जाती है।
उत्थान की सीढ़ियाँ पूरी तरह
तोड़ दी जाती हैं।

घावों पर लगाने के लिये औषधि
नहीं, नमक दिया जाता है।
पीड़ा से लोग कराहते हैं तो
आनन्द लिया जाता है।

अपने स्वार्थ के लिये मधुर-मधुर
वचन बोले जाते हैं।
विचार-विमर्श करके विभिन्न
पक्ष तोले जाते हैं।

कार्य होते ही परिचय का भाव
लुप्त हो जाता है।
सामान्य शिष्टाचार भी कहीं
समाप्त हो जाता है।


विचारों की कालिमा रक्त में
घुलने लगती है।
प्रतिदिन क्रिया-कलापों में उसकी
छाप मिलने लगती है।


मन्द मुस्कान में मानस की
कालिमा झलकती है।
खिलखिलाती हँसी भी
छल – भरी छलकती है।


तर्क-हीन संवादों के सार-हीन
सूत्र जुड़ जाते हैं।
कलुषित भावना से उपेक्षा के
द्वार खुल जाते हैं।

सत्ता का मद नग्न तांडव
करने लगता है।
निरंकुश शासन का ध्वज वेग से
उड़ने लगता है।


हम भूल जाते हैं कि यह मानसिकता
क्षुद्र है, आत्म-घाती है।
युवाओं का स्वतन्त्र चिन्तन ही
स्वस्थ विकास की थाती है।


अभिव्यक्ति पर अंकुश लगाना
बौद्धिक ह्रास का परिचायक है।
विचारों पर अंकित प्रतिबंध
संगठन के क्षय का नायक है।


हम सबके अपने लक्ष्य होते हैं,
स्वप्न होते हैं, अभिलाषाएँ होती हैं।
संकल्पों की प्राप्ति हेतु
गरिमामयी मान्यताएँ होती हैं।

पर हम तो सम्मान-पूर्वक जीने का
व्यवहार भी छीन लेते हैं।
गर्व-युक्त सह-अस्तित्व तो दूर
श्वाँस का अधिकार भी छीन लेते हैं।


हम भस्मासुर भले ही बन जाएं,
सच्चे मन्त्र को खेल नहीं पायेंगे।
स्वयं-सिद्ध कृत्रिम कवच कितना भी पहन लें,
प्रभु के ब्रह्मास्त्र को झेल नहीं पायेंगे।


प्रपंच के आश्रय की शक्ति लिये, हम
सफलता के सोपान चढ़ रहे हैं !
यह विडंबना ही है कि मानवता छोड़कर
हम देवत्व की ओर बढ़ रहे हैं !!

# About the Author

वेद प्रकाश  यजुर्वेदी

जन्म तिथि: 26 जनवरी 1957

जन्म स्थान: ग्राम पुसगवाँ, वजीर गंज, बदायूँ (उत्तर प्रदेश)

शिक्षा: बी.ई., एम.ई. (इलै.) (रुड़की विश्वविद्यालय/आई.आई. टी. रुड़की)

व्यावसायिक शिक्षा: एम.बी.ए. (सामग्री प्रबंधन)

माता-पिता: श्रीमती माया देवी एवं स्मृतिशेष राम चरन लाल 'अविरल'

सम्प्रति: सेवानिवृत्त महानिदेशक एवं अध्यक्ष आयुध निर्माणी बोर्ड, रक्षा मंत्रालय, भारत सरकार, नई दिल्ली

आजीवन सदस्य: भारतीय सामग्री प्रबंधन संस्थान

कृतियाँ प्रकाशित: 1. तुम कर दो संकेत (काव्य संग्रह), 2. सुगन्ध माटी की (छन्द संग्रह)

सम्पादित: 1. अविरल बहे नीर (दोहा संग्रह), 2. चेतना के दीप (कविता संग्रह)

शोध लेख:

- 'योजना' पत्रिका (योजना आयोग) में बाल श्रम पर लेख प्रकाशित

- इंस्टीट्यूट ऑफ इलैक्ट्रिकल एंड इलैक्ट्रानिक्स इंजीनियर्स के जर्नल में शोध लेख प्रकाशित

- सामाजिक सुरक्षा पर 'लेबर एंड डेवलपमेंट' में तथा सिनेमा श्रमिकों पर 'द इंडियन जर्नल ऑफ लेबर इकोनोमिक्स' में शोध लेख प्रकाशित

अन्य: अनेक पत्र-पत्रिकाओं में काविताओं-गीतों का प्रकाशन; आकाशवाणी से कविताओं का प्रसारण; अनेक काव्य-मंचों से गीतों का पाठ; कक्षा छः से ही काव्य रचनाकार; स्कूल, कॉलेज एवं विश्वविद्यालय स्तर पर अनेक प्रतिस्पर्धाओं में अगणित प्रथम पुरस्कारों से विभूषित, सरिता-मुक्ता विश्वविद्यालय प्रतिनिधि; विश्वविद्यालय में छात्रावास, विभागीय एवं विश्वविद्यालय पत्रिकाओं का सम्पादन; मशीन टूल प्रोटोटाइप फैक्ट्री, अंबरनाथ में हिंदी पत्रिका 'प्रज्ञा' एवं

त्रिभाषीय पत्रिका 'सृजन' का अनेक वर्षों तक सम्पादन; आयुध निर्माणी मुरादनगर में 'आभा' पत्रिका का सम्पादन; श्रम मंत्रालय, भारत सरकार में कल्याण आयुक्त (मुख्यालय) के पद पर आसीन होकर अनेक श्रमिक कल्याणकारी योजनाओं का शुभारम्भ; निदेशक (बाल श्रम), भारत सरकार के रूप में बाल-श्रम उन्मूलन के लिए अनथक प्रयास एवं दसवीं पंचवर्षीय योजना को अंतिम रूप दिया; अनेक विशिष्ट अवसरों पर स्मारिकाओं का सम्पादन; विभिन्न अंतर्राष्ट्रीय संगठनों द्वारा आयोजित अनेक कार्यशालाओं एवं सम्मेलनों में भारत सरकार का प्रतिनिधित्व; वी. वी. गिरि राष्ट्रीय श्रम संस्थान,नौएडा के महानिदेशक के रूप में संस्थान की विभिन्न गतिविधियों को नए आयाम देकर संस्थान को शिखर तक पहुँचाया; अध्यक्ष, आयुध निर्माणी बोर्ड के कार्यकाल में सशक्त नेतृत्व प्रदान करके अनेक नई पहल के साथ संगठन को नये आयाम दिये; सेवानिवृत्ति के उपरान्त जुलाई 2019 से जुलाई 2022 तक आई.आर.ई.एल. इंडिया लिमिटेड में स्वतन्त्र निदेशक के रूप में अपना अमूल्य योगदान दिया।